Giannina Wedde

Herzkammer der Nacht

Giannina Wedde

Herzkammer der Nacht

Gedichte

echter

Bibliografische Information der Deutschen Nationalbibliothek

Die Deutsche Nationalbibliothek verzeichnet diese Publikation in der Deutschen Nationalbibliografie; detaillierte bibliografische Daten sind im Internet über http://dnb.d-nb.de abrufbar.

Gedruckt auf umweltfreundlichem, chlorfrei gebleichtem Papier.

6. Auflage 2026

Echter Verlag | Dominikanerplatz 8 | 97070 Würzburg
Tel. 0931 66068-0 | info@echter-verlag.de | www.echter.de

Gestaltung: Crossmediabureau, Gerolzhofen
Druck und Bindung: Friedrich Pustet, Regensburg

ISBN 978-3-429-05763-3

Inhalt

Vorwort

Die Nacht ist mir heilig.

Blicke ich zurück auf frühere Kapitel meines Lebens, finde ich keinen Moment, in dem es anders war, keine Zeit, in der mich die Nacht dem Tag abtrotzen und für sich einnehmen musste. Eine meiner ersten Erinnerungen ist diese: Ich liege in meinem kleinen Kinderbett und schaue ins Dunkel über mir. Das Dunkel schaut mich an. Ich sehe, wie die Dunkelheit sich auffächert, wie sie vom Tiefschwarz in der oberen rechten Ecke des Zimmers in immer hellere Grautöne übergeht. Mit meinem Blick folge ich diesen Übergängen, die in meinen Augen flimmern. Das sich lichtende Dunkel mündet im silbernen Schimmer, der auf der Fensterbank liegt, weil der Mond hereinscheint. Ich bin noch zu jung, ich weiß nichts vom Mond. Doch ich empfinde die Stille, die zwischen Tiefschwarz und Silber fließt, und sie endet nicht an mir. Mir fallen die Lider immer wieder zu, so müde bin ich. Aber ich möchte noch ein wenig wach sein, um das beseligende Gefühl auszukosten: Ich bin Zuhause.

Heute, mehr als vierzig Jahre später, beginne ich zu ahnen, wie tief wir in der Nacht und der Dunkelheit beheimatet sind. Schon im Mutterleib umschließt uns Dunkelheit. In diese Welt geboren, blicken wir mit hungrigen Augen auf die zahllosen Wunder, die uns umgeben. Doch wie oft schließen wir die Augen und schaffen in uns Räume der Dunkelheit für die kostbaren Dinge: für den erholsamen Schlaf, das Gebet, für Worte der Innigkeit, für Küsse und Berührung. Wir schließen die Augen, um Tagträumen nachzugehen, Zukünftiges heraufzubeschwören, um in Klangwelten einzutauchen oder um einen besonderen Duft zu genießen. Immer wieder verankern wir uns in der Dunkelheit, indem wir die Augen schließen, als gelangten wir unmittelbar zu unserem Wesen, wenn wir für eine Weile die Formen, Farben und Fülle hinter uns lassen, auch die unseres Körpers, unseres Gewordenseins.

Jede Nacht legt uns mütterlich die Dunkelheit an die Schwellen zwischen Arbeit und Ruhe, zwischen Innen und Außen, zwischen Heute und Morgen, und lädt uns ein, nach Hause zu kommen. Viele von uns können dieses Zuhause in der Schönheit der Nacht finden. Können den tiefen Trost auskosten, der aus dem Loslassen strömt. Oder die Ruhe, die sich unter den Sternen ausbreitet.

Viele fürchten jedoch dieses Zuhause, denn in der Nacht ist der Mensch mit sich allein. Alle Geschäftigkeit endet, und die Haut zwischen uns und der Welt ist dünn. Was im Licht des Tages kaum Gewicht hatte, kann bei Nacht schwer wiegen. Was sich am Tag verschweigen und vermeiden ließ, erhebt sich in der Nacht machtvoll. Ohne die viele Zerstreuungen des Tages begegnen wir, ähnlich wie in der Meditation, all den Sorgen und Ängsten, den ruhelosen Gedanken und dem Schmerz, den wir lieber nicht empfinden würden. In der Nacht sind wir, das fühlen wir, besonders verletzbar. Nicht nur, weil wir der Natur und ihrer Kraft auf eine andere Weise ausgesetzt sind als am hellllichten Tag. Auch weil wir uns selbst begegnen müssen. Unserer Versehrtheit ebenso wie der bodenlosen Tiefe, die wir sind und die wir ein Leben lang ahnen, sobald wir die Augen schließen.

Es ist eine tiefe Wunde unserer Zeit, dass wir uns so gründlich von der Nacht und der Dunkelheit losgelöst haben. Dass wir uns rund um die Uhr mit künstlichen Lichtern umgeben. Dass wir auch in unserem Denken, unserem Beten und Sprechen das Dunkle in die Welt des Dubiosen oder Dämonischen verbannen. Dass wir das Offenkundige und Erklärbare mehr schätzen als das Geheimnisvolle.

Mitten im Alltag und in uns selbst fehlt uns die Erfahrung, zuhause zu sein, weil uns die Nacht abhandengekommen ist. Das Innehalten. Das Träumen und Ahnen. Auch in den Bildern unserer religiösen Erzählungen sind wir oft nicht mehr zuhause, weil wir auch Gott ihrer Nachtseite beraubt haben. Wo finden wir Räume, in denen das Andere, das Ungewisse atmen kann? Wo birgt uns die weibliche Seite Gottes? Wann lassen wir uns von dunklen Abgründen verschlingen und verwandeln, wie zahllose Figuren in alten Mythen und wie Christus beim Abstieg in die Unterwelt?

Wir sind auf die Nacht angewiesen. Als Zeitraum, der Körper und Seele formt, ebenso wie als poetischer und spiritueller Raum, in dem wir zu Lebenstiefe finden. In seinen Hymnen an die Nacht schrieb Novalis von den „unendlichen Augen, die die Nacht in uns geöffnet“. Es ist mein Herzenswunsch, dass wir alle in diesem Sinne sehend werden.

Der vorliegende Gedichtband ist der Nachtseite der Dinge gewidmet. Der Dunkelheit, die wir alle sehen, wenn wir die Augen schließen. Der Nacht, die uns bei unserem dunklen Namen ruft und uns Dinge zeigt, für die wir im Licht keinen Blick haben.

Die Texte laden dazu ein, „nächtlich" zu werden: bereitwillig das Ungewisse hereinzulassen. Freude wie Schmerz nachklingen zu lassen. Neugierig mit unseren anderen, vernachlässigten Sinnen nach dem Geheimnis des Lebens zu tasten. Aus freiem Willen berührbar und verletzbar zu sein, an der Grenze zum anderen ebenso wie an der Schwelle jeden Sterbens, dem wir als Menschen begegnen müssen. Sie laden dazu ein, in die Tiefe jeder kostbaren Erfahrung hinabzusteigen – umschlossen von der Heimat, die wir für eine kurze Dauer vergessen hatten: die Herzkammer der Nacht.

Kapitel I – Mutter Nacht

Nachtgebet

Leg deine Ängste nieder.
Für eine Nacht nur gib den Sternen, was dich
sorgt.
Es kehrt die Ruhe wieder.
Denn alle Dinge, die wir halten, sind geborgt.
Du darfst die Augen schließen.
Du darfst vergessen, was dich eben noch gebeugt.
Das Blau der Nacht lass fließen,
das eine namenlose Liebe treu bezeugt.
Du bist von ihr umgeben.
Lass nun den Dingen ihren Lauf und schlafe ein.
Du bist beschenkt mit Leben.
Ein jeder Morgen lockt dich zärtlich, Licht zu
sein.

Was die Nacht verspricht

Mit dunklem Mund will mir die Nacht
den Stein vom Herzen küssen.
Was mich bedrängt und traurig macht,
wird sich ihr beugen müssen.
Ihr Mantel schmiegt sich weich um mich,
tiefschwarz wie Ruß und Kohle,
und eine Stille öffnet sich,
damit ich Atem hole.

Wie Balsam liegt die Dunkelheit
auf meinen tiefen Wunden,
als wäre nicht, was man nicht sieht.
Endlich darf ich gesunden,
mich träumen lassen, da das Licht
des Mondes sich verschüttet.
Ich werde, was die Nacht verspricht
und was der Tag erbittet.

Du Raum der Andacht

Es ist still geworden. Dein tiefer Atem rinnt
in den Atemstrom der Nacht und ihr Erwidern.
Deine Sinne, die so klar wie der Sternenhimmel
sind,
reisen auf der Dunkelheit und ihren Liedern.
Die Haut, die dich umschließt, beginnt sich sanft
zu teilen,
sich wie ein Mantel weit zu öffnen, hin zur Welt,
und jedes Leben möchte still darin verweilen
und in dir ruhen, die den Raum der Andacht
hält.

Wie willst du dich von dieser Welt noch
unterscheiden,
da du in ihr und sie in dir beständig fließt?
Du hältst den Trost für jedes sehnsuchtsvolle
Leiden,
das stets ein Leiden an der eignen Grenze ist.
Lass dir geschehen, was geschieht. Lass dich
ergreifen.
Lass alle Dinge in dir weite Kreise ziehn.
In deiner Mitte werden neue Welten reifen
bis an den Himmelsbogen aus Aquamarin.

An der Schwelle

Die Nacht steht an der Schwelle. Lass sinken
deine Hände.
Gib dem Vollender, was versiegte, was gelang.
Das Sonnenhelle und das Dunkle geht zu Ende.
Nicht länger sei dein Herz so ruhelos und bang.
Dein Schlaf sei wie ein Garten. Die Fülle seiner
Blüten
und seiner Düfte nähre deinen Seelengrund.
Die Welt kann warten. Mutter Nacht wird dich
behüten.
Lass dich nur wiegen. Jeder Riss wird einst
gesund.

Der dunkelblaue Raum

Nun ruhen alle Fragen.
Zur hohlen Hand der Erde sinkt das Licht.
Es ist nichts zu beklagen.
Hör' nur, wie zärtlich diese Nacht verspricht,
dich zu ummanteln und zu wiegen,
wie eine Mutter wiegt ihr liebstes Kind.
Inmitten aller Dinge liegen
so stille Freuden, die unendlich sind.
Nun ruhen alle Bitten.
Die Nacht entsperrt den dunkelblauen Raum.
Es ist genug gelitten.
Du ruhe aus in kummerlosem Traum.

Vergessen

Die Nacht entsperrt die Pforte zum Vergessen.
Deine Lider – schwer wie schneebedeckte
Zweige.
Dunkle Früchte gibt die Stille dir zu essen,
und das Silberlicht des Mondes geht zur Neige.

Das Dunkel atmet. Alles darf zerrinnen,
als wären Glück und Schrecken dir niemals
geschehen.
Deine Träume folgen einer Spur nach innen,
um das Unsichtbare, das dich webt, zu sehen.

Die Nacht entsperrt die Pforte, so geduldig
darfst du die Hände in die Hände Gottes legen.
Bliebst du dem still gewordnen Tag auch
manches schuldig,
auf deinen Träumen liegt bedingungsloser Segen.

Du wirst geboren

Und wenn die Nacht nichts wäre als weit offne
Arme
und tiefes Seufzen, das dein Fragen sanft beendet,
wenn sie nichts schenkte als die mütterliche,
warme
Beständigkeit, die deine tiefsten Nöte wendet,
und wenn die Nacht nichts wäre als Gebet der
Sterne,
wenn nur ihr Duft erweckte, was dein Atem
will,
wenn sie dich schenkte an die Fremde in der
Ferne,
würde dein namenloses Sehnen endlich still?

Wär' sie nicht Grund, das Nichtverfügbare zu
preisen?
Zu ahnen, dass der Tag am Grund der Nacht
verglüht?
Erlaubte ihre treue Hand dir, froh zu reisen,
bis einst dein Herz in ihrer Mitte ganz erblüht?
Wenn sie nichts hielte als die geisterhaften
Räume,
in denen flüstert, was du lange schon verloren,
und sie dich lockte in das Wagnis neuer Träume,
wär' sie die Göttin nicht, aus der du wirst
geboren?

Wiege mich

Komm, Mutter Nacht, lies du mich auf
aus dieser Tage Schrecken.
Zieh mich zum Sternengold hinauf,
bis mich die Dohlen wecken.
Ich bin so müde. Bis ins Mark
schmerzt mich das Ungelöste.
Einst war ich jung, und ich war stark,
doch nun nicht mehr. Komm, tröste,
komm, wiege mich, wie man ein Kind
wiegt, dessen Ängste wüten.
Leg mir ans Fenster nur den Wind
und eisgewobne Blüten.

Lass nur das Träumen nicht

Du darfst nicht weiter wissen.
Auch diese Not wird still.
Du darfst zum Abschied küssen,
was dich besitzen will.
Du musst nicht Sorge tragen,
trägt erst die Nacht dich fort
in ihrem Himmelswagen
an deinen Ruheort.
Hier steht das Haus der Träume,
und was du träumst, das fällt
durch schwellenlose Räume
in unsre wunde Welt.
Ein Klang, ein Duft, ein Weben,
ein Wandern ohne Ziel.
War es nicht stets das Leben,
das aus den Sternen fiel?
Du darfst nicht weiter wissen.
Lass nur das Träumen nicht.
Aus allen tiefen Rissen
dringt nur das eine Licht.

Still, mein Herz

Stumm ist die Nacht. Sie öffnet ihre Mitte
und liest die müden Worte dieses Tages auf.
Sei still, mein Herz. Auch deine letzte Bitte
trägt Mutter Nacht zum dunklen Firmament
hinauf
und tief hinab zum Grund, der unter deinen
Sohlen
geduldig wartet, während Gottes Weisheit webt.
Lass los, mein Herz. Du bist der Güte anbefohlen,
die dich an jedem Morgen aus der Taufe hebt.

Die Schwelle

Überlasse dich den Wogen der Nacht,
dem um dich geschlungenen Schweigen,
der Hand, die das Silber der Sterne entfacht,
hoch über den duftenden Zweigen.

Verbinde dich mit dem Rabengesang,
dem seligen Rauschen der Bäume,
empfange den Regen und trag seinen Klang
zum Garten der heiligen Träume.

Verwische die Schwelle. Was sie auch schied,
ist ewig untrennbar verbunden.
Du selbst bist der Tropfen, die Blüte, das Lied
und Webstoff der irdischen Stunden.

Halb träumend

Ein letzter Blick auf diesen Tag.
Halb träumend schon die Dinge ehren.
Der Schnee, der auf den Zweigen lag,
daran der Dorn und rote Beeren,
die Taube, die am Schornstein ruhte,
umweht von tröstend warmem Hauch,
das Schöne, Wahre und das Gute
und alle andren Dinge auch:

Das Wort, das seinen Mut nicht fand,
bis ans ersehnte Ziel zu reisen.
Ein falsches Glück in meiner Hand.
Irrlichterndes Gedankenkreisen.
Die Dinge, die mir nicht gelangen.
Der Zweifel, den ich niederschrieb.
Ein nadeldünnes, spitzes Bangen.
Ein Gruß, der unerwidert blieb.

Ein letzter Blick auf diesen Tag.
Halb träumend schon den Dingen danken.
Weil alles Leben blühen mag,
auch das, an dem wir schmerzlich kranken
und krummer werden, wie die Weiden,
und einsamer, mit dünner Haut.
Das Leben lässt sich nicht beschneiden.
Es hat sich allem anvertraut.

Hüterin der Pforte

Komm, Nacht, verstreue deine Sterne,
leg schwarzes Tuch auf jedes ungehörte Ach,
entlass die Schwärme der Gedanken in die Ferne,
hauch deinen Stilleatem unter jedes Dach.

Komm, Nacht, beruhige meine Hände,
die nichts als Träume halten auf dem Floß der
Zeit.
Leg einen Kuss auf jedes unversöhnte Ende,
in jeden Atemzug empfundne Dankbarkeit.

Komm, Nacht, du Hüterin der Pforte,
an deren Herz die halbe Welt sich seufzend
schmiegt,
führ mich zur Quelle ungesagter
Hoffnungsworte,
in denen schon der Glanz des neuen Morgens
liegt.

Nichts und alles

Die Nacht ist mir vom Himmelssaum
so freundlich zugefallen
wie königsblauer, zarter Flaum
mit silbernen Kristallen.
Ein scheues Licht am Fensterglas
grüßt wandernd meine Lider.
Am Fuß der Eiche schläft das Gras
und ich finde mich wieder:
im Frieden, der die Dinge hält,
in Tiefe, die nicht endet,
im Staunen, das zum Himmel fällt
und neue Engel sendet,
im Lassen, Warten und Beginn,
im Traum und im Erwachen,
in dem ich nichts und alles bin
mit königsblauem Lachen.

Dein Herz wird still

Es ist die Nacht,
die jedes Tagwerk sanft beschweigen
und all dein ruheloses Wandern betten will.

Wenn deine Hände
sich wie Blütenkelche neigen,
trinkt sie dein Dunkel aus. Dein banges Herz
wird still.

An schwarzen Himmeln
kreisen kummerlose Sterne,
darunter goldnes Licht in deine Träume dringt.

Der Morgen wispert
deinen Namen in der Ferne.
An deinem Fenster wacht ein Vogel auf und
singt.

Licht ohne Gestalt

Schon wird es Nacht. Lass alles los.
Ein leises Beten wird dir sanft die Hände falten.
Schau in dein Herz. Es ist so groß,
es kann die ganze Welt mit ihrem Kummer
halten.
In dir ist Licht ohne Gestalt,
das sich stets weitet wie die Zeit die Jahresringe.
Es schenkt sich ganz, stürzt ohne Halt
durch deine Brust ins Herz der sehnsuchtsvollen
Dinge.
Dort steht es auf an jedem Tag.
Beschenkt mit Trost und Leben nähren wir den
Andern
und finden dort, was in uns lag:
die lichte Gottheit und ihr ruheloses Wandern.

Herzkammer der Nacht

Lass jedes Wort wie einen müden Quell
versiegen.
Koste die Süße tiefer Nachtverschwiegenheit.
Atme Vergessen, denn die losen Enden liegen
nun beim Vollender und der Weberin der Zeit.

Sei schwer wie Erde, falle seufzend durch die
Räume,
über die Schwelle. Fürchte nichts, du bist
bewacht.
Wie warmes Gold füllt dich die Weisheit deiner
Träume.
Du wirst geboren in der Herzkammer der Nacht.

Diaphanie

Nur in der Nacht bin ich von Sternen ganz
durchflossen,
erahnend, dass auch ich der weite Himmel bin.
Das Licht des Mondes, sorgsam in mich
ausgegossen,
berührt die Zweige und die Nachtigall darin.

Hat erst ihr Lied mich ganz ergriffen und
durchsungen,
zeigt sich die Haut der Dinge ränderlos und
weich.
Alles, was ist, ist von sich selbst zutiefst
durchdrungen,
und jedes Innere ist Äußeres zugleich.

Lass doch das Schauen, Sehnen nach der andren
Seite!
Sie war ja nie an einem andren Ort als hier.
Ein ganzes All atmet dich ein und aus, und Weite
entströmt den Wurzeln, Gipfeln, Sternen und
auch dir.

Kapitel II – Und wir wagten es, zu tanzen

Heimkehr

Vom leisen Regen ist der Tag wie reingewaschen.
In meinem Herzen hat das Glück ein Nest gebaut.
Wie eine Wanderin, barfuß und ohne Taschen,
kehre ich heim in meine dünn gewordne Haut.

Hier will ich wohnen. All die Wunden und die
Narben,
die ich zu trösten suchte im Gewirr der Zeit,
sammle ich ein und lege sie wie bunte Garben
zum Klang des Regens. Alles ist
Vollkommenheit.

Unaufhörlichkeit

Ein All liegt heiter in den Bahnen deines Blutes,
als wärest du der Schoß und auch das Ziel der
Zeit –
im Spiegel grüßt dich jeden Morgen vollen Mutes
das Leben selbst in seiner Unaufhörlichkeit.

Doch erst der Blick des Andren löst aus deinen
Engen,
die deiner Sterblichkeit und Form geschuldet
sind,
all die Verwandlungen, an denen Welten hängen,
und auch die Schönheit, die sich auf sich selbst
besinnt.

Und erst die Hand des Andren zieht dich stark ins
Leben,
wenn sie sich um die Knospen deiner Hände
schließt,
hinein ins Wagnis, sich den Dingen preiszugeben,
aus denen unaufhörlich reine Gutheit fließt.

Verloren

Du kannst vor Liebe ganz und gar verloren sein.
An Fremde, an die Nacht, an jeden Mund.
Sie fällt in deine fest verschlossnen Räume ein
und trägt die Mauern ab bis an den Grund.

Wie Flechte breitet sie sich aus in deiner Brust
und grünt aus deinen weichen Fingerbeeren.
Sie liebt, als habest du von Liebe nichts gewusst
und nichts von weglos wanderndem Begehren.

Du gleichst der Welt, die sich in deine Blicke
schmiegt,
du gleichst dem Klang, dem deine Ohren
lauschen,
und wenn der Wind die Dolde deines Herzens
wiegt,
bist du der Hauch, die Woge und das Rauschen.

Du kannst vor Liebe ganz und gar verloren sein.
An Träume, ans Gebet, an jeden Ort.
Der Engel kennt die Grenze zwischen Fuß und
Stein.
Ein Flügelschlag. Für immer ist sie fort.

Ein Leben lang

Der Mond liegt heute fröhlich auf den Dächern.
Ich schaue hin und sehe mich nicht satt
und trinke Licht aus himmelblauen Bechern
wie eine, die sich selbst vergessen hat.

Nichts unter mir als daunenweiche Erde.
Sie wirft mich in die Luft und fängt mich auf.
Ein Leben lang bloß fallen. Stirb und werde,
und störe nicht die Welt in ihrem Lauf.

Licht

Es liegt ein Licht in jedem Morgen,
gereift an Nacht und Dunkelheit.
An unsrem Seelengrund verborgen
der zarte Schein der Ewigkeit.

Dem Unbekannten hingegeben,
das golden unsren Weg umfängt,
empfangen wir kostbares Leben,
das über unsre Lippen drängt,
das strömen will aus unsren Händen
und leuchten will aus unsrem Geist,
der wunden Welt sich zuzuwenden,
bis einst der letzte Schleier reißt,
der jenen Grund, der uns geboren,
und was wir werden, noch verhüllt.
Kein Lebenslicht ist je verloren,
bleibt sein Geschick auch unerfüllt.

Es liegt ein Licht in jedem Bitten,
in jedem Herz, das sich verzehrt.
Tief ist die Haut der Welt geschnitten,
doch dieses Licht bleibt unversehrt.

Atme den Segen ein

Leg deine Lippen auf die Worte, die dich trösten,
und auf Gesichter, deren Anmut dich erweicht,
leg deinen Kuss auf Blicke, die dein Herz
erlösten,
und auf das Licht, das in dein tiefstes Dunkel
reicht.

Hauche Gebete in die Mulden müder Hände
und auf die Hügelschultern, die gezeichnet sind.
Gib deinen Atemstrom als Dank in jedes Ende
und als Willkommensgruß in das, was neu
beginnt.

Tauche dein Schweigen in die Stille, die nicht
endet.
Sieh, wie dein Leib im Leib des einen Gottes
ruht.
Atme den Segen ein, der dich als Kraft entsendet.
Unendlich kostbar bist du, sonnenhaft und gut.

Die Träume eines Narren

Manchmal träume ich die Träume eines Narren,
die Träume eines Menschen, der sich ganz
verbraucht,
der, während noch die Dinge neuer Hoffnung
harren,
sich selbst in jeden Riss und jede Furche haucht,
um mal als Räuspern eine alte Starre
aufzuschrecken
oder als Träne ein Paar Wangen zu benetzen,
um eine Bitterkeit mit Zärtlichkeiten zuzudecken
und unsere Scham dem Blick der Liebe
auszusetzen.

Um dann die Hand zu werden, die auf einer
Schulter liegt,
das weiche Wort, das etwas Unversöhntes
wendet,
ein tiefes Lauschen, das die dunkelsten
Geschichten wiegt,
oder der Gruß, der eine Traurigkeit beendet.
Braucht die Welt die Narren, die sich selbst
verschwenden?
Die sich nicht kümmern um das Maß der guten
Dinge?
Die wissen, niemand kommt, des Menschen Leid
zu wenden?
Die stets beim Andern sind, als ob ihr Leben
daran hinge?

Das Meer braucht Ufer und das Sonnenlicht den
Schatten –
die zarte Grenze ist ein Andachtsort des Ganzen.
Doch als wir mutlos waren und kein Lied mehr
hatten,
sangen die Narren. Und wir wagten es, zu
tanzen.

Alle Dinge

Alle Dinge breiten ihre Schwingen,
geben ihre Herzenskammer preis.
Nur ein ungezähmtes Meer kann singen,
was die Möwe, was die Muschel weiß:

Nur die offne Wunde kann gesunden,
nur der Riss im Dunkel ruft den Stern.
Nur die Hoffnung bricht das Glas der Stunden,
sieh, die Ewigkeit war dir nie fern.

Nur die offne Erde kann empfangen,
wenn der Samen in ihr Dunkel fällt.
Nur das offne Herz fühlt dies Verlangen,
Schoß zu sein für eine neue Welt.

Alle Dinge breiten ihre Flügel,
geben ihre Herzenskammer frei.
Brich auch du ihr onyxschwarzes Siegel,
dass die Gottheit weltgeboren sei.

Stellvertreterin

Mir ist, als trügest du die tausend Krüge,
die reich gefüllt sind mit den Tränen dunkler
Nacht.
Wenn nur die Welt erst schläft und ihre
Atemzüge
auch deine Seele wiegen, die in Stille wacht,
dann lassen sinkend deine mütterlichen Hände
von den Gefäßen, die sich stürzen bis zum
Grund.
Dort in den Scherben kommt ein Nachtgebet
zum Ende,
und schwarze Vögel schrecken auf aus deinem
Mund.

Du bist wie ein verrußter Tabernakel,
so schwarz und gläsern wie der Rauchobsidian.
An deinem Leiden ist kein Schrecken und kein
Makel,
es folgt dein Herz den Sternen gleich nur seiner
Bahn.
Wir gehen täglich durch den schwarzen
Rosengarten.
Ein jeder Schritt treibt uns die Dornen in die
Haut.
Doch manches Mal müssen wir nicht auf
Tröstung warten,
wenn Gott das Dunkel vieler einer anvertraut.

Der Blick

Ich gehe, seit ich denken kann, den Schmerz der
Welt besuchen.
Ich suche dort mein eigenstes Gesicht.
Der Sichelmond hängt schief über dem
Schattenriss der Buchen
und findet seine Liegemulde nicht.

Die Nacht beschwört mich, mich an ihre weiche
Brust zu schmiegen,
aus der ein Trost strömt wie ein Ozean,
doch will ich ungetröstet in den Traurigkeiten
liegen,
von denen niemand sich befreien kann.

War es ein Schmerz, der mich erschuf? Wir
werden doch geboren
aus lichter Ewigkeit, die sich entzweit,
die sich verschwendet und sich stürzt von
goldenen Emporen
bis an den schwarzen Grund der Endlichkeit.

Hier bin ich Mensch, hier ahne ich, dass unter
meinen Lidern
der Blick aller versehrten Menschen wohnt,
darin der Blick der Gottheit, ein so zärtliches
Erwidern.
Und endlich ruht nun auch der schiefe Mond.

Menschwerdung

Ach, könnten wir aus diesem tiefen Schlaf
erwachen,
erkennen, wie vertraut uns auch das Fremde
grüßt,
und könnten wir an reich gedeckten Tischen
lachen,
genährt von einer Liebe, die zum Andern fließt;
wir glichen Kindern, deren Zärtlichkeit nie endet
und deren Herz an jedem Tag ins Staunen fällt,
und wir begriffen, dass kein Gott den Engel
sendet,
der sich der Einsamkeit und Not entgegenstellt.

Was wird uns wecken, was wird uns dem Traum
entreißen,
in dem das Meer die Inseln, die wir sind,
verschlingt?
Was wird uns würdig machen, endlich Mensch
zu heißen?
Wann kommt das Licht, das bis in unser Dunkel
dringt?
Ruf du die Zeit herbei, da alle Tränen enden,
ruf du die Gottheit, die verborgen in dir lebt,
liegt doch das Garn in unsren ahnungsvollen
Händen,
aus dem die Weisheit schon die Welt von morgen
webt.

Freundschaft

Ich schäme mich nicht, zu sagen,
dass ich müde bin.
Dass meine dunklen Fragen schwer am Grund
der Dinge liegen
wie Steine, die das Tiefseedunkel schmecken,
ohne Erinnerung an die Oberwelt.

Ich schäme mich nicht, zu sagen,
dass ich müde bin.
Dass meine Worte über Gräben keine Brücken
bauen.
Es wandert nur ein geisterhaftes Schweigen,
das in die grenzenlose Ferne fällt.

Ich schäme mich nicht, zu sagen,
dass ich müde bin.
Dass meine Haut zu dünn ist für die gnadenlosen
Blicke.
Und nur die Nacht vermag mich so zu halten,
wie eine Mutter ihre Kinder hält.

Bleib du bei mir.
Sag in der Ferne meinen Namen.
An jede Schwelle, die uns trennt, leg einen Kuss.
Und wenn du müde bist,
schäme dich nicht, zu sagen,
dass ich an deiner Statt die Hoffnung tragen
muss.

Abendgold

Die Sonne hat sich ausgesprochen.
Sie liegt nun müde zwischen Taubenschwärmen,
die sich am letzten Gold der Dächer wärmen
mit einer stillen Heiterkeit.

Ein altes Glück ist aufgebrochen
wie eine reife Frucht, wie eine Wunde.
Ich weiß nicht, bin ich krank oder gesunde
ich an der schönen Endlichkeit.

Bis ins Träumen

Auch heute musst du bis ins Träumen
den Riss in allen Dingen sehn,
und Menschen, die die Wege säumen,
werden durch deine Mitte gehn
wie Geister. Reich den wunden Stimmen
die Schalen deines Lauschens an,
bis bloß ein Stern die Nacht durchglimmen
und uns nach Hause leuchten kann.

Atemstrom

Schließ dich nicht zu wie eine schwere Truhe,
randvoll mit trotziger Verwahrung.
Misstrau dem Blick nicht, der in deine Tiefe
schaut.
Allein zu sein verschafft dir keine Ruhe,
denn nirgends wartet Offenbarung
als in der bangen Blöße zwischen Haut und Haut.
Du lebst, so oft du dich an jeder Frage,
an jeder Fremdheit neu erfindest,
und immer schaust du dich aus neuen Augen an.
Begegnung ist der Atem aller Tage –
der Strom, an den auch du dich bindest
als selbstvergessnes Leben, das nicht enden kann.

Der Schwur

Alles ist unvollkommen, unheil und unfertig,
fast wie ein Vers, den niemand bis zum Schluss
gedacht
und dessen Klang schon in den Dingen
gegenwärtig
und darin wirksam ist und sie durchsichtig macht
wie klares Eis, wie Bergkristall, durch das die
Sterne
uns ungetrübt bescheinen, Glanz und Silberlicht,
und unsre Hände wandern ahnend in die Ferne
und finden doch den tief ersehnten Frieden nicht.

Sieh doch die Weisheit, die im Werdenden
mäandert,
die nur vor offnen Augen ihren Schleier hebt,
nimm sie tief in dein Herz, das ohne Ruhe
wandert
und seine Fragen in das große Wunder webt.
Von einem Schwur kann sich die Gottheit nicht
entbinden
und vor der Heiligkeit darin wird alles still:
Alles Erschaffne trägt den Gott, der sich noch
finden
und das der Welt verheißne Leben werden will.

Kapitel III – Lerne das Sterben

Lerne das Sterben

Lerne das Sterben.
Nicht erst, wenn deine Haare weiß sind wie die
strengen Winter,
nicht erst, wenn eine Krankheit dunkle Fragen
stellt.
Schau alle Dinge an. Wie Liebe schaut. Und
schau dahinter.
Und falle hinterher, wenn dir ein Blick ins
Fremde fällt.
Wasch deinen Händen nicht zu oft den Duft der
Suche ab.
Lerne das Sterben.
Gib den Göttern, die du rufst, nicht nur vertraute
Namen.
Setz dich der Nacht aus. Keine gleicht jemals der
andern.
Verlern das Sprechen. Nicht das Lauschen. Und
gib dem Einsamen
auf deinem Weg nur einen Grund, mit dir zu
wandern.
Steig mit dem Lied des Vogels in den tiefsten
Schmerz hinab.
Lerne das Sterben.

Genug

Ich werde müde an der Welt.
Auf meinem runden Rücken
liegt schwer die Zeit.

Der rote Mohn im Weizenfeld,
nach dem sich Träumer bücken –
Vergangenheit.

Ein Käfer glimmt im weichen Moos.
Ihn kann die Nacht nicht schwärzen.
Schon sind es zwei.

Ich sage mich von allem los
mit satt gewordnem Herzen
und werde frei.

Sterben

Entlass mich, Gott, entlass mich aus der Zeit.
Es ist schon spät geworden.
Mein Herz ist schwer, so schwer von Müdigkeit.
Sei du mir wie der helle Stern im Norden
und leuchte mir den Weg aus dieser Welt.

Entlass mich, Gott, entlass mich aus dem Glück,
davon ich reichlich schmeckte.
Ich will nach Haus, nur noch nach Haus zurück.
Will lassen, was mich trieb und was mich
schreckte
und was mich noch auf dieser Erde hält.

Entlass mich, Gott, entlass mich auch aus mir.
Mein Lied ist ausgeklungen.
Mein ganzes Sein sehnt sich nur noch nach dir.
Zum letzten Mal hab ich mit dir gerungen,
du dunkler Schoß, in den mein Werden fällt.

Weiße Taube

Stürze, stürze,
weiße Taube,
aus dem Himmel, der dich kennt,
wenn des Abends goldne Schürze
Dämmerung von Schwärze trennt.
Falle, falle,
weiße Taube,
unter dir liegt fremdes Land,
trau dem Ölzweig in der Kralle,
der den tiefsten Schrecken bannt.
Träume, träume,
weiße Taube,
dass ein Grund dich sanft empfängt,
weiches Laub und grüne Bäume,
Kraft, an der dein Leben hängt.
Werde, werde,
weiße Taube,
eins mit jeder Dunkelheit,
und die Traurigkeit der Erde
schmiegt sich in dein Federkleid.
Singe, singe,
weiße Taube,
neue Lieder braucht die Welt.
Sterben müssen alle Dinge,
eh ein Trost vom Himmel fällt.

Drei Schwäne

Es gingen drei Schwäne durchs Meer
mit heiserem Rufen,
als führten marmorne Stufen
aus dem atmenden Blau sie her.
Nicht den Himmel im Blick, der dunkelt,
doch den goldenen Zwirn,
der wie ein verlornes Gestirn
zwischen Wasser und Horizont funkelt.
Dort legten sie, für einen Flügelschlag,
dass uns das Endliche nicht schmerze,
die weißen Federn um den Glanz der
Abendkerze,
damit ein Funke bleibe für den nächsten Tag.
So ist die Liebe. Still.
Als Wanderin zwischen den Räumen
küsst sie auf die Stirn uns ein Träumen
vom Leben, das Ewigkeit will.

Häng doch dein Herz nicht mehr daran

Die dunkle Nacht, die viel beklagte,
die klingt, als schwiege Gott uns an,
wurde mir lieb, als sie mir sagte:
Häng doch dein Herz nicht mehr daran.

Nicht an den Trost, der köstlich schmeckte,
nicht an das Glück in deiner Brust,
nicht an den Ruf, der dich erweckte,
und was du über Gott gewusst.

Nicht ans Gebet. Und was dich rettet.
Und was du in den Händen hältst.
Nicht an die Antwort, die dich bettet,
wenn du erst fällst und fällst und fällst.

Wann wirst du diesen Gott begraben,
der toter als die Toten ist?
Der nur ein kleines Leben haben
konnte, weil du einsam bist?

Dich wird ein fremder Gott berühren.
Durch deine Welt geht dann ein Riss.
Dein Staunen stürzt durch offne Türen
zum Grund. Und nichts ist mehr gewiss.

Es wird Zeit

Was wir von Gott gewusst, ist nichts
als Ruß an weißen Kirchenwänden,
als welkes Laub in Kinderhänden.
Ein Flügelschlag verlorner Zeit.
Wir suchten den Geschmack des Lichts,
das Wort, das Haus, in dem er bliebe,
und trotzten immerzu der Liebe,
verliebt in unsre Einsamkeit.

Nun wird es Zeit. Es ist vorbei.
Wir wussten stets um diese Stunde
und dass der Finger in der Wunde
den Blick auf eine Gottheit lenkt,
die sich beseligt, wild und frei
in Wälder, Seen und Sternenlichter
in Glück und alternde Gesichter
und in die Ungewissheit schenkt.

Communio

Vergiss die fadenscheinigen Gebete,
verschlissen von der rauen Hand der Zeit.
Vergiss, was deine Furcht von Gott erflehte
und jedes Greifen nach Unendlichkeit.

Befreie dich vom Wunsch, dein Herz zu schonen,
das sehnsuchtsvoll in deiner Mitte schlägt,
denn alle Dinge wollen darin wohnen,
bis deine Herzhaut viele Dornen trägt.

Vergiss die Liebe. Werde ganz Vergessen.
Schon lässt die Nacht die Hungrigen herein,
von deinem Leib zu trinken und zu essen
und satt vor Glück und Traurigkeit zu sein.

Janusköpfig

Das Ja zum Leben ist ein Ja zum Sterben.
Wie viel Erträumtes du dir auch erbaust,
wie viele Freuden deine Tage färben,
du lebst erst, wenn du januskӧpfig schaust:
Mit einem Blick die ganze Welt begehrend,
die ihre Lust und Fülle stets vermehrt,
und mit dem andren Blick den Engel ehrend,
der mit ernster Hand die vollen Kammern leert.

Das Ja zum Leben ist ein Ja zum Tode.
Auch was du bist, zerbricht und geht verloren,
doch grünt schon morgen zaghaft eine Lode
am Lebensbaum und du wirst neugeboren.
Erinnre dich hinein in dies Vergessen:
Du bist dem Leben und dem Tod verschrieben
und beider Brot musst du geduldig essen.
Und beide unablässig weiterlieben.

Liebe

Was tut die Liebe andres denn,
als das Zerbrochene zu halten,
als Hände zum Gebet zu falten
in wachsender Ergebenheit?

Vermag die Liebe andres denn,
als das Erlöschen zu bezeugen,
dem alle Wesen sich einst beugen
am goldnen Saum der Ewigkeit?

Wie spricht die Liebe anders denn,
als schweigsam jeden Weg zu ehren,
an dessen Kreuzungen Entbehren
die Wirklichkeit vom Schein befreit?

Wie liebt die Liebe anders denn
als eine heilige Kapelle,
in der das Dunkle und das Helle
vereint im Beten werden still?

Was tun wir Menschen andres denn,
als unsre Risse darzubringen,
durch die das Licht des Einen dringen
und unsre Sehnsucht stillen will?

Frucht der Dunkelheit

Manchmal befällt mich dunkle Nacht
fast wie ein Tier mit scharfen Klauen,
das kommt, um mir ins Herz zu schauen
mit Augen, die wie meine sind.

Das blaue Feuer ist entfacht
am dunkellichten Himmelsbogen,
und alle Traurigkeiten wogen
wie Weizengras im lauen Wind.

Und wie darin die Freuden stehn!
Als wäre Glück nicht mehr zu trennen
von Tränen, die auf Wangen brennen,
von Trauer und von Einsamkeit.

Ich lasse es an mir geschehn,
lasse mich von der Nacht ergreifen
und lerne, in die Welt zu reifen
wie eine Frucht der Dunkelheit.

Nächtlich

Es fällt uns leicht, zu sein wie Tage sind.
Mit sonnengelben Händen nach dem Glück zu
greifen
und zuzusehn, wie an den Zweigen Kirschen
reifen
und überdrüssig fortzugehn aus allem wie der
Wind,
der nie an einer Stelle bleiben will.

Doch an der blauen Grenze schweigt die Nacht.
Sie löscht die Lichter aus in unsren schweren
Händen,
die dunkelnd ahnen: Alle Dinge müssen enden,
auch jedes ruhelose Wollen, das so traurig macht.
Und nur das Herz, das nächtlich wird, ist still.

Ein Anfang und ein Ende

So ist es nun. Dass alle Dinge schwinden.
Nie wieder kehrt die Sterbende zurück.
Nie wieder folgt dem Suchen frohes Finden.
Das Ganze bleibt betrogen um ein Stück.

Schon gestern trug es ahnungsvoll die Risse
des Endlichen, das seufzt, das mahnt und wirbt,
doch wir, wir pressten trotzig dunkle Küsse
auf das, was niemals lebt, bevor es stirbt.

Wie wäre rot der Mohn, wenn wir nicht flöhen,
nicht leugneten der Nächte Dunkelheit
wie wären tief der Grund und hoch die Höhen,
wenn wir nur Frieden schlössen mit der Zeit!

Mit Leben, das sich flüchtig nur bekleidet
als Schimmer, der sein Gold im Meer versprengt,
als Frage, die an jeder Antwort leidet
und auf das Fallen alter Grenzen drängt.

Der tiefen warmen Höhlung deiner Hände,
die halten wollen, was stets haltlos fällt,
ist anvertraut ein Anfang und ein Ende,
die Herrlichkeit und Traurigkeit der Welt.

Totengedicht

Unsre Toten fallen in den Nächten aus den Falten
des geschwärzten Himmels allem Leben zu,
stürzen durch gedachte Grenzen, die die
Ordnung halten,
brechen jedes Schweigen und Tabu,
wandeln unter uns und tragen über ihren Köpfen
wurzelatmend aller Dinge Zeit,
lesen durch die Fersen reine Quellen auf und
schöpfen
menschgewordne Gegenwärtigkeit.

Unsre Toten wandern in den Nächten durch die
Lichter,
die wir tragen wie im Kampf das stumpfe
Schwert,
zärtlich drehen sie dann unsere alternden
Gesichter
hin zur Flamme, die sich selbst verzehrt,
dann erblühn sie, frei von unsren tief
durchschmerzten Händen,
wacholderblau, schneeweiß und karmesin
und wir, durchtränkt von Farben, die sie
selbstvergessen spenden,
lassen unsre Liebsten weiterziehn.

Kapitel IV – Manchmal musst du nur lauschen

Die gute Welt

Der Himmel trägt ein Kleid aus blauen Leinen
und silbern liegt darauf ein Ornament.
So weit wird mir das Herz, mir ist zum Weinen,
da mich die Nacht vom Griff des Tages trennt.

Und jedes Wort, das mir am Tag erkaltet,
und jeder Frieden, der so jäh zerrann,
wärmt sich am Silberglanz, der sich entfaltet.
Gesunde, Herz, gesunde ganz daran.

Geheimnisvolles Weben, dieser Schleier
ist einer, der im Licht des Staunens fällt:
Ein zärtliches Erschaffen lädt zur Feier.
Wie gut und hell, wie gut ist diese Welt!

Madonna

Die alternde Madonna hat schon viel gesehn.
Die Farbe blättert ihr von Lid und Wange.
Bald wird der Kirschzweig über ihr in Blüte
stehn,
unter ihr lebt immer noch die Schlange.

Ein tiefer Riss im Holz zerteilt ihr Sternenkleid
und darin wärmen sich die Schnabelkerfen –
sie aber wird die Plagegeister niemals leid,
die sich in ihre offnen Arme werfen.

Sie ist bloß Holz. Verwitterte, die mich bewacht,
und die mir, wenn ich klage, nichts entgegnet.
Doch schmiegt sich unter ihre Hand in dunkler Nacht
der Kosmos, den sie unablässig segnet.

Lauschen

Sie webt mit atmenden Händen,
mit Fingern aus tönendem Glanz,
verknüpft die suchenden Enden
und lädt die Gestirne zum Tanz.
Sie sammelt die Finsternisse
und jedes gebrochene Herz,
die Bürden, Wunden und Risse
wie heiliges, kostbares Erz.
Im Mondlicht verschließt sie die Blüte
und öffnet den träumenden Geist,
dass er, umfangen von Güte,
die Enden der Welten bereist.
Den goldenen Honig der Frühe
verstreicht sie mit zärtlicher Hand,
dass deine Sehnsucht dich ziehe
auf wartendes, wegloses Land.
Sie wohnt in den Pappeln als Rauschen,
ihr Flüstern hat dich längst erwählt.
Manchmal musst du nur lauschen,
wie sie dein Leben erzählt.

Tiefer ins Leben

Mir hilft die Nacht aus meiner Haut,
aus diesem Mantel, der nicht länger kleidet,
aus jeder Furcht, an der mein Werden leidet,
in weiten Raum.
Ich werde freundlich angeschaut
von Moos und Birke, die mich nicht begreifen,
doch silbergrün in meinem Dunkel reifen
von Traum zu Traum.
Der Ungewissheit anvertraut,
wird meine Wunde, die ich sorgsam hüte,
ein guter Ort, an dem der Schmerz die Blüte
der Andacht hält.
Und etwas ruft mich ohne Laut
aus jedem Neubeginn und jedem Ende
tiefer ins Leben, dass ich mich verschwende
an diese Welt.

Herzhaut

Die dünne Herzhaut schließt sich lange schon
nicht mehr.
Die Dinge gehn wie raunende Gespenster
und wie das Mondlicht durch die offnen Fenster
in mich hinein.
Nichts bleibt mir fremd. Nichts spart mich aus,
nichts gibt mich her,
bis ich durchwandert bin und glücklich ende,
um mit dem Reichtum leer gewordner Hände
ein Mensch zu sein.

Balsam

In den Nächten, wenn es still wird, lern' ich
danken
für alles Gute, das die Liebe mir geschenkt,
und ich denke an die Traurigen und Kranken,
deren Hügelschultern niemand sanft umfängt.

Und ich schicke wie ein Hüter zahmer Tauben
diese Vögel stiller Hoffnung in die Welt:
Niemand ließe unter Tränen seinen Glauben,
krank vor Einsamkeit, die alle einst befällt.

Gib doch den Händen, die ich zu dir betend falte,
ein tiefes Wissen, das mich mahnt und nie
vergeht,
dass ich selbst den Balsam tiefer Tröstung halte,
die der Leidende von dir, mein Gott, erfleht.

Gib doch den Worten, die ich suchend, ringend
spreche,
eine Zärtlichkeit, die manche Wunde heilt.
Und wenn ich einst selbst am Fels der Angst
zerbreche,
sende eine mir, die liebevoll verweilt.

Hoffnungslichter

Bei Nacht sehn manche Häuser so zerschunden,
vergeblich und vergessen aus. Und du
verbindest zärtlich ihre dunklen Wunden
und flüsterst ihnen weiche Worte zu.

Sie bergen wie die feste Muschelschale,
die sich um zarte Meereswesen schmiegt,
die Glut der Träume wie zum letzten Male,
bevor der Morgen auf den Dächern liegt.

An dieser Glut wärmt sich die Welt. Ganz leise
entweichen rote Funken in die Nacht.
Die Hoffnungslichter gehen auf die Reise
und rufen wach, was uns lebendig macht.

Du konntest mich nicht lassen

Du Gott, du Göttin, Fleisch und Geist,
du namenloses Fließen,
du Licht, das mit den Sternen reist,
du flehentliches Grüßen,
du warmes Glück in meinem Schoß,
du Schmerz in meiner Mitte,
du Atemzug und Todesstoß,
du Herzensdank und Bitte,
wie viele Male kniete ich
vor prunkvollen Altären
und fand nicht dich und fand nicht mich,
fand nichts, wovon ich zehren,
wovon ich wandernd träumen will,
wenn die Gewissheit endet.
Nun endlich ist mein Suchen still.
Als habest du entsendet
den Geist, der mich wie Glück befällt
aus allen, allen Dingen,
der mich an jeden Abgrund stellt
und mir befiehlt, zu singen,
der mich erst tauft und dann ertränkt,
bis ich zu Wasser werde
und mich als Blüte regnen lässt
auf dunkle Muttererde.
Du Gott, du Göttin, schwarzer Mund,
du konntest mich nicht lassen.
Mein himmelweiter Seelengrund
darf nun dein Dunkel fassen.
Ich lebe staunend wie ein Kind
im Duft der Anemonen
und bleibe, wo die Wunder sind,
die wir mit dir bewohnen.

Du

Still wie die Nacht am lauschenden Wald.
Tief wie die See.
Weich wie die Frühe. Stark wie Basalt.
Tröstlich wie Schnee.
Bitter wie Abschied. Mild wie Verzeihen,
kostbar wie Zeit.
Mutig wie Träume, die sich befreien.
Unsagbarkeit.
All das bist du, und all das bist du nicht,
dir sterben bloß Worte entgegen.
Du,
brüchig wie Ton
und auch wie das menschliche Herz.
Du,
fliehend, und schon
verschenkt an die Blüten des März.

Im Schatten deiner Flügel

Bette mich, du dunkler Gott, im Schatten deiner
Schwingen.
Die Sonne brennt so heiß auf meiner Haut.
Die Angst bedrängt mich und die Traurigkeit
will mich bezwingen,
und dieser Tag ist ruhelos und laut.

Gib mir einen Ort in deiner Nacht, an dem ich
rasten
und meine wunden Sinne sammeln kann,
und leg in meine Hände, die nach
Hoffnungsspuren tasten,
Beginnendes. Ich glaube noch daran.

Richte mich, du dunkler Gott, im Schatten
deiner Flügel
auch heute auf. So kostbar ist die Zeit.
Leg Morgenrot auf meine Stirn und auf die
fernen Hügel
wie einen Gruß aus der Unendlichkeit.

Erwachsenwerden

Ich sprach mit dir.
Im Inneren mit ausgestreckten Gliedern,
weil etwas dich stets in den meeresblauen Höhen dachte
auf halber Strecke zwischen Schornstein und Merkur.

Du sprachst mit mir.
Als Nacht auf meinen ruhelosen Lidern,
und da ich schlief, war es die Andre, die in mir erwachte,
die Ahnungsvolle, und sie folgte deiner Spur.

Nun schweigen wir.
Ich habe längst gelernt, mich tief zu bücken,
in alle Dinge einzugehn und darin zu verschwinden,
um dann aus jedem Grashalm fröhlich aufzustehn.

Du bist ja hier.
Und jeder Augenblick will mich beglücken
und mir wie Tau an allen Wimpern stehn. Du lässt dich finden.
In jeden Atemzug fällt unser Wiedersehn.

Aus deinem Mund

Meine Name klingt aus deinem Mund
wie ein Gedicht, wie reiche Fülle,
wie ein Gebet in tiefer Stille,
wie Tau, der aus den Zweigen rinnt.

An diesem Klang werd ich gesund.
Du flüsterst mich in alle Sterne
und in die Haut der Apfelkerne,
die stets mit sich im Frieden sind.

Muschelherz

Du kannst bei Nacht den Dingen so
entgegenlauschen,
dass du sie in die Muschel deiner Mitte hebst.
Dort klingt das Meer. Und seine weichen Wellen
rauschen
durch die geschenkte Zeit. Du aber lebst,
zum ersten Mal vielleicht, und fühlst nie mehr
Verlangen
auf jene Art, die qualvoll wie der Hunger war.
Die ganze Welt glüht bis in deine Wangen.
Und junge Sterne fallen still aus deinem Haar.

Kapitel V – Abschiedlich wintert die Zeit

Spätsommer

Die grauen Gänse brachen auf zu ihrer Reise
und meine Blicke folgten zärtlich ihrem Flug.
Ein alter Schmerz in meiner Mitte wurde leise,
als ihn der dunkle Schwarm zum Rand des
Himmels trug.

Aus Tannenwäldern stiegen Nebel zu den
Sternen
wie ein Gebet, das sich verzehrt nach seinem
Ziel,
und eine goldne Frucht mit bittersüßen Kernen
lag mir im Mund, als ich durchs Glas der Stunden
fiel.

Ich war wie träumend, doch mit klingenscharfen
Sinnen,
als schwärmten Vögel aus, tief unter meiner
Haut,
dem Licht entgegen, das sich außen schenkt wie
innen
und sich dem kleinsten Sehnen arglos anvertraut.

Es trennt den Herbst vom Sommer nur ein zarter
Schleier.
Ein leises Seufzen, und ein Ende wird Beginn.
Die Schöpfung öffnet ihre Arme, lädt zur Feier
und birgt das Endliche so mütterlich darin.

Abschied

Der Herbst grüßt. Wie das Silberlicht der Sterne
streift er das Laub mit geisterhaftem Kuss.
Die Vögel ziehen fort in weite Ferne,
da dieser Sommer Abschied nehmen muss.
Ein Falter breitet, um sich aufzuwärmen,
die Flügel auf dem pflaumenblauen Grund.
Mein Beten sammelt sich, um auszuschwärmen,
und nichts als Dank liegt schwer in meinem
Mund.

Wandlungswort

Nun lass den Schleier fallen, schmerzliches
Begreifen:
jeder Mensch ist tief im Innersten zerbrochen.
Der Herbst verströmt sich. Auch die späten Äpfel
reifen.
Über alles ist ein Wandlungswort gesprochen.

Geduldig knarren müde Zweige in der Frühe.
Es schließt der Himmel über dir sein graues
Kleid.
Der strenge Frost mischt in das Lied des Vogels
Mühe,
und unter allen Lidern wandert Dunkelheit.

Lass doch dem Dunkel all sein Träumen und sein
Weben,
halte nicht fest, was deinen Händen nicht gehört.
Ein jedes Lassen schenkt dir Raum für neues
Leben,
und Frieden liegt in dem, was deine Sattheit
stört.

Nun lass den Schleier fallen, wunderreiches
Schmecken:
eine Gottheit liegt am Seelengrund verborgen.
Nur das leer gewordne Herz kann sie erwecken
und sie verschenken wie das junge Licht am
Morgen.

Herbst

Lass los, lass los. Es gibt nichts mehr zu halten.
Die Stürme ziehen wild über das Land.
Was davon träumte, sich noch zu entfalten,
fällt scheiternd in die unsichtbare Hand,
die über Sträucher und verdorrte Blätter streicht,
auch das Verlorene zu trösten,
und die vom Schwarz der Erde bis zum Himmel
reicht
als Wiege alles Unerlösten.

Lass los, lass los. In dir wächst ein Erwarten,
ein Wissen um das Licht, das wiederkehrt.
Es schläft die Blüte schon im Zukunftsgarten,
wenn Mutter Erde ihre Kammern leert.
Schenk dich dem Herbst, der aus den
Silbernächten fällt
und der noch reift wie dein Erkennen:
Vom einen Atemstrom, der Tod und Leben hält,
ist auch dein Atem nicht zu trennen.

Bis in deine Träume

Gib dem Herbst die Dinge, die dich beugen,
die Seufzer, die das Licht des Tages fliehn,
die ahnungsvoll den Schmerz der Welt bezeugen
und ungetröstet ihre Bahnen ziehn.

Gib dem Herbst auch jenes dunkle Fassen,
das stets das eigne Glück bewahren will.
Im Lauschen lernst du kummerloses Lassen,
die ruhelosen Wünsche werden still.

Bald enteignet Frost die letzten Bäume,
auch die Röte wird nicht lang bestehn.
Jeder Herbst ruft bis in deine Träume:
Alles Leben ist Vorübergehn.

Deine verborgenen Sinne

Der Herbst ist streng. Er streicht mit rauen
Händen
über die Landschaft und die dünne, fahle Haut
der alt gewordnen Dinge, die nun enden.
Verlass das Haus, das du auf Sand gebaut.

Verlass den Weg, den du aus Angst beschritten,
verlass den Freund, den du aus Not umfingst.
Auch deiner Hand ist jedes Gut entglitten,
nichts nennt sich dein, das du begehrst und
zwingst.

Der Herbst ist streng. Er trennt von deinen
Zweigen
die Blüten, Früchte und das letzte Blatt,
vor deiner Nacktheit nur sich zu verneigen,
in die die Welt sich ausgegossen hat.

Lass deine tief verborgnen Sinne wecken,
lass ziehn, worum dein wundes Herz noch bangt.
Begreife diese Schönheit, die zu schmecken
dir alles, auch dein Leben, abverlangt.

Vorübergehende

Ein jeder Herbst stellt dir die eine Frage,
was einst dem Hunger deiner Hände bleibt.
Was schmiegt sich in das Gold der Lebenswaage,
wenn dich die Zeit aus jedem Glück vertreibt?

Und fragt das Laub dich nicht in seinem Fallen
nach deinem Halt und deiner Flüchtigkeit?
Ob du die Endlichkeit in dir und allen
ertragen kannst bis an den Rand der Zeit?

Und fragt der Sturm dich nicht, der in den
Zweigen
als strenge Ernte durch die späten Äpfel fährt,
ob du es wagst, dein Haupt zu neigen
vor dem, was einst zum Tode dich versehrt?

Und fragt der Nebel nicht, ob du den Dingen
ihr tief verborgnes Wesen lassen musst?
Als Schauende, ohne gewaltsam vorzudringen,
befreit von Wissen, doch zutiefst bewusst?

Ein jeder Herbst lockt dich ins stille Werden.
Vorübergehende, dein Fuß ist bloß.
Für dich ist keine Heimat hier auf Erden.
Du trägst die Erde selbst in deinem Schoß.

Glück

Es ist ein Glück, sich an die Dinge,
die niemals ruhen, zu verlieren,
als wenn man froh mit ihnen ginge,
umschlossen von der Haut der Zeit.
Und wie im Baum die Jahresringe
sich dehnen und die Welt berühren,
wird dir als Mensch das Herz so weit.

Den zarten Ruf der Seidenschwänze
und auch den Tau am Halm bereise.
Folge dem Duft der feinen Grenze,
daran der Herbst den Winter grüßt.
Lausche dem Klang der Totentänze,
wenn tiefe Nacht die Schwingen leise
um deinen wunden Körper schließt.

Es ist ein Glück, in alles Leben,
auch noch das kleinste, heimzuwandern,
wie in ein Netz, das Götter weben
aus Liebe, die zur Form gerinnt.
Dem reinen Wunder hingegeben,
wird seufzend endlich eins zum andern,
und du wirst alles, was beginnt.

Versöhnung

Der Winter kommt und nimmt die Tränen mit.
Zu Schnee wird, was im Herzen rastlos brannte.
Und eine Stimme, die mein Innerstes längst
kannte,
ruft meinen Namen aus dem eisgeschmückten
Grün.

Da bricht es auf, was tief an Trauer litt.
Es reist wie ein Gebet in weite Ferne,
es mehrt das Silber aller längst verloschnen Sterne
und aller Blumen, die als Eis am Fenster blühn.

Mein Atem weißt wie zärtlicher Gesang
die Nacht, die schwarz sich kleidet wie die
Raben,
und ich begreife, dass die Dinge Liebe haben.
Auch jene Dinge, die wir Gott niemals verziehn.

Die Erde küsst den Schnee von meinem Gang.
Ich kann nicht anders als mich zu versöhnen,
die Gottheit beugt sich, um die Welt zu krönen.
Es ist ja Gnade. Alle Dinge sind geliehen.

Am Ende des Jahres

Ich lege dieses Jahr und seine Schmerzen
und seine laut gewordne Müdigkeit
in tiefe Erde, zu den edlen Erzen,
in mütterliche Winterdunkelheit.
Ich löse alle Fäden meines Bangens,
in dieser Welt sei jeder stets allein,
vor mir die Spur des innigsten Verlangens,
ein Mensch im All der Menschlichkeit zu sein.
Ich träume, mich wie Wurzeln zu verzweigen,
den Gräsern gleich zum Himmel aufzusehn,
mich vor der Stille tiefer zu verneigen,
in alle Dinge lächelnd heimzugehn.

Raunacht

So grüßt das Kommende: aus deinen Händen.
Nun halte inne, gib dem Schweigen einen Raum.
Häng dein Herz nicht an die Schöpfungen, die
enden.
Das Beginnende naht wie aus fernem Traum.

Wie der Eiseshauch am Licht der Abendkerzen
sich verschenkt und an die Flamme ganz verliert,
legt die Raunacht ihren Hauch um unsre Herzen,
bis sie schwindend unsren tiefsten Grund berührt,

von dem die ersten neuen Träume sich erheben
und die wärmsten aller Worte sich befrein,
von dem ein Wollen aufsteigt, eine Welt zu
weben,
deren Glück es ist, ein guter Ort zu sein.

So grüßt das Kommende: aus deinem Beten,
bis deine Haut nicht länger von der Welt dich
trennt.
Durch eine unsichtbare Tür ist eingetreten
ein andrer Mensch, der Gott im Werdenden
erkennt.

Dunkle Saat

In allem liegt Verschwiegenheit,
im Schwarz der alten Eichen,
in nebelgrauer Herbstlichkeit
und in den stummen Zeichen
des Winters, der von ferne naht,
das letzte Blatt zu pflücken
und eine stille, dunkle Saat
tief in mein Herz zu drücken.

Sei, bis das reine Schweigen bricht,
nur winterliches Lauschen.
Erliege der Versuchung nicht,
die Stille einzutauschen.
Auch alle Wurzeln träumen nur,
solang die Dunkelheiten
die Fülle einer fernen Zeit
in Andacht vorbereiten.

Nur Andacht sein. Wie frischer Schnee.
Wie rote Vogelbeere.
Wie Salz und überfrorne See
und grenzenlose Leere.
Der Frühling kommt mit neuer Lust,
die Wiesen zu vergolden,
und blüht aus meiner offnen Brust
mit winterblauen Dolden.